하룻밤에
읽는
칸트

하룻밤에 읽는 칸트

글쓴이 김광문

1판 1쇄 인쇄 2022. 3. 25.
1판 1쇄 발행 2022. 3. 28.

펴낸곳 예지 | **펴낸이** 김종욱
표지·편집 디자인 예온

등록번호 제 1-2893호 | **등록일자** 2001. 7. 23.
주소 경기도 고양시 일산동구 호수로 662
전화 031-900-8061(마케팅), 8060(편집) | **팩스** 031-900-8062

ⓒ Kim, Kwang-moon 2022
Published by Wisdom Publishing, Co.
Printed in Korea

ISBN 979-11-87895-33-6 03160

예지의 책은 오늘보다 나은 내일을 위한 선택입니다.

[하룻밤에 읽는 칸트]

글쓴이 김광문

예 지
Wisdom Publishing

차례

1장 들어가며
임마누엘 칸트 • 13
코페르니쿠스적 혁명 • 15

2장 자연세계에서의 인간 존재의 의미와 진리
칸트의 이성비판철학 • 25
칸트 이성비판철학의 정당성 • 29
이성적 인간, 그 인격의 존엄성 • 34
용어풀이 • 41
   자연의 합목적성 • 42
   지성과 이성 • 47
   진리 • 53

3장 실천이성의 도덕법칙과 인간의 존엄성
인간 존엄성의 뿌리, 도덕법칙 • 61

실천이성의 도덕법칙 • 67

　제1원칙 : 순수실천이성의 원칙 • 68
　제2원칙 : 인간 존엄성의 원칙 • 70
　제3원칙 : 자유공존의 원칙 • 73

도덕법칙의 필연성과 정언명령 • 77

4장 아름다움과 문화세상

용어풀이 • 93

　정조(情操) • 94
　아름다움 • 95

문화세상과 아름다움의 의미 • 98

자연의 아름다움 • 101

예술의 아름다움과 선의지 • 113

이성적 정서 그 좋은 것의 아름다움 • 117

5장 마무리 말

1장
들어가며

저는 철이 들면서부터 지금까지 진리에 대한 목마름으로 살아왔습니다.

"어떤 사람으로 살아야 할 것인가."

이 물음에 대한 작은 실마리라도 찾기 위해 그동안 노력을 게을리하지 않았습니다.

그러다가 삶의 끝자락에 이르러 칸트를 만나 기

적처럼 진리의 외침소리를 들었습니다.

칸트가 말하는 진리 개념의 선포는 누가 뭐라 해도 저에게만은 그 자체로 기적 같은 사건이었습니다.

이성비판이라는 상자 틈새로 저 자신의 정체성과 제 삶의 의미를 충분히 일깨우고 채워주는 최고의 진리가 엿보였기 때문입니다.

한 발짝만 더 나아가면 진리의 실체를 떠올려 볼 수도 있겠다는 기대감에 여러 날을 밤잠을 설치기도 했습니다.

인간은 이성적 인격으로 인해 자연에 법칙을 세우는 최고의 목적으로서 존엄한 존재자가 된다는 말이었습니다.

 진리에 대한 명쾌한 논리가 거기에 있으리란 기대를 갖기에 충분한 느낌이 들었습니다.

 세상을 조금 알겠다 싶은 노년에 이르러 이토록 가슴 설레는 일은 처음이었습니다.

 저는 흥분으로 달뜬 마음을 아직도 매순간 느끼고 있습니다.

 이 느낌을 단 한 사람이라도 함께하고 싶어 이 글을 쓰기로 했습니다.

 얼핏 터무니없고 주제넘겠다 싶기도 하지만, 마

침 칸트 삼대 이성비판서를 읽고 독후감을 적은 『촌부, 칸트에서 길을 찾다』가 있어서, 이를 바탕으로 그 해설서라도 해도 좋을 이 글을 씁니다.

임마누엘 칸트

칸트는 1724년에 태어나서 1804년까지 팔십 년을 살았던 독일의 철학자입니다.

그는 결혼도 하지 않고 오직 철학이라는 학문에 매달려, 인간을 인간답게 하는 유일한 가치인 '이성적 인간의 존엄성'을 찾는 일에 평생을 바쳤습니다.

칸트는 3대 이성비판서말고도 유명한 정치철학서 『영원한 평화』 등 많은 저작을 남겼습니다.

코페르니쿠스적 혁명

칸트의 이성비판서를 말할 때면 어김없이 따라다니는 말이 코페르니쿠스적 혁명이라는 말입니다.

   이 말은 칸트 자신이 직접 언급한 너무나 유명한 말입니다.

   거기다 소위 학문의 목적이 무엇이어야 하는지

를 깜짝 일깨우는 말이어서 잠시 소개하려고 합니다.

칸트의 삼대 이성비판서인 순수이성비판, 실천이성비판, 그리고 판단력비판은 그의 많은 저작물 가운데서도 칸트철학을 상징하는 대표적 저술입니다.

칸트는 이 같은 자신의 이성비판 철학의 의미를 '코페르니쿠스적 혁명'이라는 특징적 한 마디 비유로 말했습니다.

학자들에 따라 코페르니쿠스적 전환, 전회 또는 혁명이라고 각기 다른 말로 사용하기도 합니다.

저는 혁명이라는 말이 낯이 익겠다 싶어 이 말을 쓰기로 했습니다.

혁명이라는 말도 칸트의 이성비판서가 가지는 의미에 비추어 볼 때 크게 다르지는 않겠다고 생각했습니다.

그보다는 여기서는 혁명이라는 말 자체가 크게 중요한 것은 아니라는 사실입니다.

코페르니쿠스적 혁명이라는 말이 좋은 비유이기는 하지만 칸트의 이성비판서가 말하는 실제 내용과는 직접적인 관련은 없는 말이기 때문입니다.

코페르니쿠스(1473년~1543년)는 폴란드 출신 천

문학자이자 가톨릭 교회의 사제였습니다. 칸트보다 250년 앞서 살았던 사람입니다.

그는 자신이 살던 당시 과학계나 종교계 등 사회 전반에 이미 보편화되어 있던 학설인 천동설을 부정하고 지동설을 주장하여 사회적으로 큰 충격을 주었습니다.

지동설은 당시 일부 종교계에서는 신앙적 신념이라 할 수 있는 천동설과 정면으로 배치되는 학설이었습니다. 천문학자이면서 사제이기도 했던 그는 교회와의 갈등을 염려할 수밖에 없었습니다.

그는 갈등을 피하기 위해 자신의 지동설에 관한 논문을 곧바로 발표하지 않았습니다. 그러다가

1543년 죽음이 임박한 시점에 이르러서 지동설의 저서 『천체의 회전에 관하여』를 발간하였다 합니다.

칸트는 인류문명사에서 특별한 의미를 갖는 코페르니쿠스의 지동설과 자신의 이성비판철학이 갖는 상징적 의미가 동일한 성격을 갖는다고 생각했습니다.

다시 말해 코페르니쿠스의 지동설이나 칸트 자신의 이성비판철학이 다 같이 과거의 잘못을 바로잡아 새롭고도 올바른 진리를 세웠다는 점에서 혁명적 학설이라는 공통점을 갖는다는 것입니다.

이에 비추어 볼 때 저는 어떤 혁명가보다도 칸트야말로 진정한 의미의 혁명가라고 생각합니다.

천동설과 지동설에 대한 내용을 보겠습니다.

천동설은 우리가 살고 있는 지구가 우주의 중심으로서 항상 같은 자리에 머물러 있고, 그 외 태양이나 다른 천체가 지구의 둘레를 돌고 있다는 주장을 말합니다.

지동설은 그와 반대로 태양이 우주의 중심에 머물러 있고 지구가 자전을 하면서 태양의 둘레를 돌고 있다는 학설입니다.

지동설은 기원전 5세기경 그리스 철학자이자 수학자였던 피타고라스가 처음으로 주장하였고, 코페르니쿠스가 다시 주장하였으며 후일 갈릴레오가 주장하여 이를 증명하였습니다.

당시로서는 이 같은 지동설이 가져올 충격이 클 수밖에 없었던 것이, 인간이 알고 있던 하늘과 땅에 대한 개념이 완전히 뒤바뀌는 엄청나게 낯선 사건이었기 때문입니다.

2장

자연세계에서의 인간의 존재 의미와 진리

칸트의 이성비판철학

칸트 당시만 해도 서양철학은 신을 중심으로 한 자연관이나 세계관이 주류를 이루고 있었습니다.

   그 말은 우주 자연과 인간을 창조한 신만이 우주의 중심적 존재자이므로 한낱 피조물인 인간의 이성적 판단은 오로지 신의 뜻에만 따라야 한다는 것입니다.

따라서 철학의 주된 관심은 창조주인 신의 존재론에 집중될 수밖에 없었습니다.

신에 대한 존재론이 곧 진리론이며, 신이 곧 진리 자체이므로 신을 아는 일이 곧 진리를 아는 일이라 한 것입니다.

칸트는 이 같은 당시의 철학적 관행을 잘못된 것으로 단정하고 인간의 이성적 판단에 따라 바로잡아야 할 비판의 대상으로 여겼던 것입니다.

그래서 자연이나 인간에 대한 철학적 관심은 신의 뜻이 아닌 인간의 이성에 의해 정의되고 판단되어야 한다고 주장합니다.

칸트는 인간의 학문으로는 신의 존재를 논증할 수가 없으므로 신의 존재에 관한 한 굳이 집착할 만큼 중요한 문제가 아니라고 생각합니다.

신의 존재 여부는 아예 인간의 사고 영역을 벗어나 있기 때문이라는 것입니다.

자연세계에 대한 신 중심적 사고방식은 우리 인간이 아직 덜 깨이고 무지하여 그런 것이라고 말합니다.

그러므로 눈앞의 자연현상과 인간 자신의 존재 의미에 대하여 명철한 이성으로 판단하는 것이 무엇보다 시급하고 올바른 학문적 자세라고 주장한 것입니다.

우리의 이성적 판단으로 자연과 인간 자체의 존재 의미를 알아가는 것이 곧 진리를 알아가는 일이라 한 것입니다.

칸트 이성비판철학의 정당성

칸트는 당시의 잘못된 철학적 관행을 바로잡아 인간 이성에 의한 철학의 방법이 옳다는 것을 증명하기 위해 하나의 법정을 세웠다고 말합니다.

그 법정이 바로 순수이성비판이라는 것입니다.

순수이성비판이라는 법정에서 모든 철학적 논제

하나하나를 '범주'라는 엄정한 심판대 위에 세우고 철저하게 옳고 그름을 판별하였다고 합니다.

그렇게 옳은 것은 옳다 하고 그른 것은 그르다 하여 세심하고도 완벽하게 판결을 하였으며, 칸트 자신은 그 판결에 만족하였다고 합니다.

그 판결의 결과 이성을 가진 인간은 신의 뜻만을 따르는 노예가 아니라 자연의 최고 목적이자 주체적 존재자로서 위대하고 존엄한 인격체라는 사실이 밝혀졌다고 말합니다.

이 같은 위대하고 존엄한 인격을 가진 이성적 인간은 자연과 인간 자체에 대해 자유롭게 법칙을 세우고 판단을 내릴 수 있는 유일한 피조물이라고 말합니다.

그리고 당당하게 선포합니다.

"지금까지 순수이성비판이라는 법정에서 행한 심판의 결과가 어느 것 하나라도 잘못된 것이 있으면 나머지 모든 결과도 잘못된 것이다.

반면에 어느 것 하나라도 그 결과가 옳은 판단이라고 인정이 되면 나머지 모든 판단의 결과도 옳다고 인정해야 한다.

왜냐하면 이성비판 과정에서 사용한 '범주'라는 지성개념은 어느 한 곳 흠잡을 데 없는, 사고를 위한 완벽한 형식 개념이기 때문에 오류가 있을 수 없기 때문이다."

한 마디로 이성적 인간은 자연의 합목적성이 지향하는 최고의 목적으로서 위대하고 존엄한 인격적 주체라는 것입니다.

여기서 말하는 '범주'라는 개념을 인간의 순수한 지성이 가지고 있는 생각의 틀, 다시 말해 우리가 어떤 논제를 풀어내는 데 사용되는 생각의 공식 같은 개념으로 이해하면 어떨까 합니다.

칸트는 '범주'라는 생각의 틀이 인간이 만든 것이 아니고 인간의 실존과 동시에 지성에 심어진, 자연법칙과 정확히 일치하는 우리의 창조자에 의해 설정된 것 같다고 말합니다.

이같이 처음부터 완벽한 사고의 형식 개념을 통해 얻어진 자신의 이성비판 작업 결과가 결코 잘못될 수 없다는 것을 거듭 강조하는 것입니다.

인간은 비록 미숙하고 허점투성이지만 인간이 가진 지성이나 이성에는 진리에 관한 문제들을 깊이 있게 생각하고 올바르게 판단할 수 있는 위대한 능력이 있습니다.

인간의 이 같은 실제적 능력에 비추어볼 때 인간이야말로 자연의 최고 목적이자 주체로서 인격적으로 존엄성을 갖는다는 칸트의 주장은 지극히 옳고 마땅하다는 생각입니다.

이성적 인간, 그 인격의 존엄성

인간은 생각하는 갈대라는 말이 있습니다.

 인간은 몸뚱이만으로는 산들바람에도 흔들리는 시냇가의 갈대처럼 허약하여 작은 유혹이나 억압에도 흔들릴 수밖에 없는 힘없는 존재입니다.

하지만 생각하는 갈대 즉 정신적으로는 늘 무엇인가를 생각하고 그 생각의 옳고 그름을 가려서 행동으로 실천할 수 있는 이성을 가진 위대한 존재라는 뜻입니다.

생각하는 갈대란 말을 '이성적인 존재'란 뜻으로 이해해도 좋은 까닭입니다.

이성적인 존재인 인간은 자연세계에서의 위대한 역할과 인간 자신의 인격적 존엄성을 스스로 행동으로 드러낼 수 있는 존재자입니다.

우리 인간은 생명을 거저 받아서 태어났고 먹고 마시며 숨 쉬는 삶을 사는 데 필요한 모든 것을 또한 거저인 듯 받습니다.

이 모두가 당연한 듯 자연으로부터 받아 누리는 혜택입니다.

칸트는 인간이 자연으로부터 받아 누리는 이 같은 혜택은 맹목적으로 거저 주어진 것이 아니라고 주장합니다.

그것은 이성적 인간이 자연의 최고 목적으로서 그 위상에 걸맞은 합리적인 역할을 할 수 있도록 능력을 갖추는 것을 조건으로 하여 주어진다는 것입니다.

이 같은 조건을 칸트는 유능성이란 어려운 말로 표현합니다.

유능성은 이성을 가진 인간이 자연의 최고 목적이자 주체로서 주어진 임무를 수행할 수 있는 능력과 의지를 말합니다.

이러한 유능성을 갖추는 것이 인간이 자연의 최고 목적으로 살아도 좋을 가장 기본적인 조건인 것입니다.

칸트는 이 같은 유능성을 산출하는 것이 문화라고 말함으로써 인간에게 있어 최선의 이상향은 아름다운 문화세상이라는 것을 암시합니다.

다시 말해 문화를 통해서 인간의 바람직한 세상을 실현할 수 있음을 말하는 것입니다.

문화세상은 인간이 자연세계를 가장 조화롭게 가꾸고 인간과 자연이 그리고 인간과 인간이 아름다운 관계로 함께 살아가는 세상을 말합니다.

이 같은 문화세상을 실현하는 일이 인간이 자연을 수단으로 사용해도 좋을 단 하나의 조건이라는 것입니다.

유능성은 인간에게만 기대할 수 있는, 도덕법칙을 실천할 수 있는 능력이라고 이해할 수 있습니다.

도덕법칙은 선한 자유의지로 문화세상의 바탕을 이루게 되며,

오로지 선한 정서인 아름다움이 일체의 이해관

계 없이 거기에 어울려 문화세상의 표상으로 드러나기 때문입니다.

이 같은 문화세상을 실현하는 것만이 자연이 인간을 위하여 베풀어 준 은혜에 보답하는 단 하나의 길인 것입니다.

칸트의 문화세상에 대한 이 같은 이성적 주장을 우리는 겸허히 받아들일 수밖에 없습니다.

그것은 인간이 이성을 스스로 깨닫는 순간부터 끊임없이 찾아 헤매었던 진리의 실체가 바로 문화세상이라는 것을 말해 주고 있기 때문입니다.

그렇게 인간은 자연의 최고 목적다운 삶, 즉 문화

적 삶을 통해 존엄한 인격체로서의 존재 의미를 드러내는 것입니다.

이제 인간은 그 위대한 능력과 위상에 걸맞은 자연세계에서의 역할을 다하여, 궁극적으로는 아름다운 문화세상을 열어갈 일만 남았다 하겠습니다.

그것만이 자연의 최고 목적이자 자연의 주인으로서의 존재 의미에 값하는 일이 되는 것입니다.

또한 그 길만이 진리에 이르는 단 하나의 길이기도 합니다.

용어풀이

순수이성비판에서 중요하게 사용되는 용어 몇 개를 골라 그 의미를 알아보려고 합니다.

소개할 용어들은 '자연의 합목적성' '지성과 이성' 그리고 '진리'로, 그 의미가 결코 가볍지 않아서 대강의 뜻이라도 알아보고 가는 게 좋겠다는 생각에 제가 이해하는 범위 내에서 풀이해 보았습니다.

자연의 합목적성

자연에 있는 사물들은 하나하나가 그 자체로 목적이자 수단으로 있으면서 자연 전체와도 역시 목적이자 수단인 관계로 존재합니다.

또한 사물 하나하나 서로 간에도 목적이자 수단인 관계로 있습니다.

이와 같이 자연 안에서 사물들이 서로 간에 목적이자 수단으로 존재하는 관계를 유기적 관계라고 말합니다.

자연 안의 이 같은 유기적 관계에서는 어떤 것도 쓸데없는 것은 없고, 어떤 것도 목적으로 쓰이지 않은 것도 없습니다.

이 유기적 관계의 총체적 성향을 우리는 자연의 합목적성이라 말합니다.

칸트에 의하면 자연의 온갖 사물이 서로서로 수단이자 목적인 관계로 존재한다면,

자연은 분명히 하나의 최고 목적을 위하여 그 같은 체계를 가졌을 것이라 판단합니다.

목적 없는 체계란 있을 수 없기 때문입니다.

그렇다면 그 최고의 목적은 자연의 유기적 관계를 충분히 이해하고 또 당연히 자연 안에 실재하는

존재자여야 할 것입니다.

자연의 최고 목적은 자연에 대하여 실제적 영향력을 행사할 수 있는 문리적 존재로서 주체적인 위치에 있어야 할 것이기 때문입니다.

그 같은 자연의 최고 목적에 걸맞은 존재자는 이성을 가진 인간뿐이라는 것을 어렵잖게 짐작할 수가 있습니다.

이성을 가진 인간만이 자연세계 안에서 주관적으로 법칙을 세우고 그 법칙에 맞게 행동할 수 있는 유일한 도덕적 주체이기 때문입니다.

칸트는 말합니다. 자연이 자체의 법칙에 따라 그

에 따를 수밖에 없는 단 하나의 궁극 목적은 이성을 가진 인간뿐이라고.

여기서 우리는 자연의 사물 하나하나와 인간, 그리고 자연 전체와 인간의 존재 관계인 유기적 관계를 한 번 더 되짚어볼 필요가 있습니다.

만약 자연의 최고 목적으로서의 인간이라는 이성적 존재자가 없다면,

자연의 그 다양한 사물은 말할 것도 없고, 그 경이로운 유기적 체계 또한 아무런 개념 없이 그냥 있을 뿐일 것입니다.

다시 말해 지구상에 이성을 가진 인간이 없다면,

자연 전체는 한낱 황야일 뿐 아무런 존재 의미가 없다는 것입니다.

그 위대한 자연의 합목적성 자체가 아무런 의미를 갖지 못한다는 말입니다.

따라서 이성적 인간이 자연의 최고 목적이 되는 것은 자연의 합목적성에서 비롯한 당연한 결과라 할 수밖에 없습니다.

그 필연성은 자연의 합목적성이 지향하는 세상과 이성적 인간이 지향하는 세상이 하나의 같은 세상일 터여서 그렇습니다.

그 하나의 세상은 바로 아름다움으로 드러나는

문화세상을 말합니다.

자연의 합목적성과 이성적 인간의 도덕성에 의한 인격적 존엄성이 하나의 아름다운 문화세상으로 어우러질 때 우리는 이를 진리의 현장으로 여길 수가 있을 것입니다.

지성과 이성

지성과 이성은 그 역할의 연관성 때문에 둘을 함께 비교하면서 설명하는 것이 좋겠습니다.

인간에게 있어 지성은 감성과 오성 그리고 직관과 인식 기능 등을 복합적으로 아우르는 앎의 기능이라 하겠습니다.

이성은 지성과는 밀접한 관계에 있으면서도 그 기능은 분명하게 나누어져 있습니다.

이성은 지성의 최종목표인 인식에 대하여 그 인식이 옳은 것인지 그렇지 않은지, 그리고 그 인식에 따른 행위를 어떻게 할 것인지 최종적으로 판단하는 기능입니다.

이성은 자연세계에서는 오직 인간만이 가지고 있으며 인간을 참인간답게 자리매김하는 최고의 선한 기능입니다.

지성과 이성의 관계 그리고 각각의 기능을 좀더

쉽게 알아보기 위해 하나의 예를 들어보겠습니다.

지금 제 앞에 두 친구가 있는데 서로 말다툼을 하고 있습니다.

저는 두 사람을 떼어낸 뒤 마음을 가라앉히게 합니다. 그 다음 무엇 때문에 다투게 되었는지 알아봅니다.

먼저 한 친구가 다른 친구에게 농담 한 마디를 던진 것이 화근이었습니다.

뜻밖에도 그 말을 들은 친구가 크게 자존심을 상하게 되어 급기야 심한 말다툼으로 번진 것이었습니다.

두 사람의 말을 다 들은 나는 그들의 주장을 충분히 이해했다는 의사 표시를 합니다. 그런 다음 두 사람의 마음이 풀리도록 종용을 합니다.

이와 같이 두 사람의 이야기를 듣고 그 상황을 정확히 파악하는 일까지가 저의 지성이 한 일입니다.

저는 두 사람이 말다툼을 하게 된 이유를 하나하나 비교하고 판단하여 두 사람 중 누가 어떤 점을 잘못하였고, 또 어떤 점은 누가 성급했는지를 가능한 한 모두가 받아들일 수 있도록 결론을 내립니다.

농담을 한 친구에게 먼저 저의 뜻을 전합니다.

"비록 농담일지라도 상대방의 입장을 배려했어

야 하는데, 그렇지 못한 것이 실수인 것 같네. 그러니 먼저 진심 어린 사과를 하는 게 좋겠네."

그런 다음 다른 친구에게도 저의 뜻을 전합니다.

"나도 그런 소리를 들으면 화가 났을 것이네. 저 친구가 먼저 사과를 했으니 이제 화를 풀면 좋겠네."

이렇게 두 사람의 입장을 파악한 후, 어느 누구도 억울하지 않게 오로지 선의에 따라 공정한 판단으로 화해를 시키는 일까지가 이성이 하는 일입니다.

이성은 오로지 선의를 가지고 모든 상황을 판단하기 때문에 도리에 어긋나지 않은 최선의 결과를 얻을 수가 있는 것입니다.

한편 이 같은 이성의 훌륭한 판단도 지성의 적극적인 도움이 없이는 불가능하다고 칸트는 말합니다.

이성이 어떤 상황에 대하여 판단을 하고자 할 때는 먼저 그 상황에 대한 정확한 인식, 즉 그 상황을 정확히 아는 것이 필요합니다.

그 일이 바로 지성의 역할인 것입니다. 지성의 정확한 인식을 바탕으로 해서만 이성의 올바른 판단은 이루어질 수가 있는 것입니다.

앞선 예에서 보았듯이 두 친구가 화해할 수 있도록 훌륭한 분위기를 이끌어 낸 이성의 판단은, 그 전에 두 친구가 어떻게 하여 말다툼을 하게 되었는지를 정확히 알아낸 지성의 역할이 있었기에 가능했던 것입니다.

지성의 역할이 이성의 최종판단에 얼마나 긴요한 것인지를 말해 주는 한 마디가 있습니다.

"지성은 이성 판단의 모태다."
칸트의 말입니다.

진리

진리라는 말만큼 우리가 일상에서 자주 듣고 말하면서도 그 뜻을 명쾌하게 말하기 쉽지 않은 말도 없을 것입니다.

진리라는 말이 가지는 의미가 그만큼 무겁고 깊어서 그럴 것이라는 생각을 합니다.

진리에 대한 사전적 풀이를 살펴보겠습니다.

"진리란 참된 도리, 참된 이치로 누구에게나 타당하다고 인정되는 보편적 가치," 정도입니다.

저는 여기에 다음과 같은 설명을 더하고 싶습니다.

"우리가 세상을 굳이 올바르게 살아야 할 이유가 있는 가치."

"우리가 사는 세상이 비록 어렵고 불안할지라도

기꺼이 그 삶을 견디고 살아낼 만한 가치가 있는 이상적인 목표."

이렇게 진리에 대한 여러 가지 의미를 나열해 보았지만 그 구체적 내용이 선뜻 떠오르지 않습니다.

이처럼 진리가 실체 없는 말뿐인 것이라면 정작 진리를 추구하는 인간의 삶이나 문화라는 것도 그 의미를 찾을 수가 없게 될 터입니다.

칸트는 진리의 개념을 간단명료하게 정리합니다.

"인식과 실제가 합치할 때 그 인식은 진리다."

우리가 어떤 현상이나 대상을 인식하고, 그 인식

이 눈앞의 현상이나 대상과 정확히 맞아떨어질 때 그 인식을 진리라 한 것입니다.

그렇다면 우리가 인식한 현상이나 대상이 실제로 존재하지 않는 경우에는 어떨까요.

당연히 그 인식은 진리라 말할 수 없습니다.

저는 칸트의 진리에 대한 이 같은 정의도 코페르니쿠스적 발상이라고 생각합니다.

칸트의 이 말은 신의 존재와 관련한, 상상속의 대상에 대한 인식을 진리라고 주장하는 기존의 철학적 관행을 뒤집는 것이기 때문입니다.

인간의 경험적 대상이 아닌 상상에 의한 가상의 존재에 대한 인식은, 그 대상인 가상의 존재가 인식에 합치하는지를 확인할 방법이 없습니다.

반면에 순수이성비판에서 말하는 인식은 인간의 감성을 통해 직접 경험한 대상을, 오성의 확인을 거쳐 얻어낸 것이기 때문에 이를 진리라 말할 수 있는 것입니다.

칸트는, 신만이 참존재자이고 신의 존재 의미가 곧 진리라고 하는 기존의 철학적 주장을 비판하고, 인간의 이성적 존재 의미가 곧 진리적 의미를 갖는다고 주장합니다.

이성을 가진 인간이 선한 자유의지에 따라 존엄

한 인격체로서의 도덕적 삶을 사는 것이 곧 진리적 삶이라 말한 것입니다.

칸트의 순수이성비판을 존재론이자 진리론으로 읽어도 좋은 까닭이 여기에 있습니다.

우리는 칸트가 제시한 도덕적 삶에 의한 진리의 명백한 논리를 거부할 어떤 구실도 찾을 수 없습니다.

도덕성이 바탕이 되는 아름다운 문화세상을 사는 일이 바로 진리적 삶을 사는 일이라는 칸트의 주장을 가볍게 여길 수 없는 까닭입니다.

3장
실천이성의 도덕법칙과 인간의 존엄성

인간 존엄성의 뿌리, 도덕법칙

앞서 저는 인간이야말로 자연의 최고 목적으로 주어진 존엄한 인격의 존재자라고 거듭 말해 왔습니다.

인간이 자연의 최고 목적이라고 말해질 수 있는 것은 자연세계 안에서 오직 인간만이 이성에 기반한 인격적 존엄성을 가지고 있기 때문입니다.

다시 말해 자연의 최고 목적에 어울리는 존엄한 인격의 실재적 존재자는 인간말고는 어디서도 찾을 수가 없다는 말입니다.

인간의 이 같은 인격의 존엄성은 오로지 선의지를 바탕으로 한 이성의 도덕성 안에서만 기대할 수가 있습니다.

도덕성은 이성적 인간만이 할 수 있는, 도덕법칙의 실천으로 나타나는 품격에서 비롯하는 것이니까요.

실천이성의 도덕법칙을 자신의 자유의지만으로 실천할 수 있는 유일한 존재자는 인간뿐이라는 것입니다.

또한 자신이 실천한 그 행위를 당연한 의무로 여기고 스스로 만족스러워 하는 것도 이성을 가진 인간뿐입니다.

우리 인간은 누구나 도덕법칙의 실천의지만으로도 자신의 인격적 존엄성이 보여주는 고상한 품격에 빠져들 수밖에 없습니다.

거짓 없는 선의의 이성적 인간은 도덕법칙을 실천하겠다는 의지를 확고히 하는 것만으로도 자신의 품격이 얼마나 고양되고 자존감을 갖게 하는지를 직접 느낄 수 있습니다.

거듭 말하지만 도덕법칙은 우리가 삶에서 얻을 수 있는 모든 물리적 이익을 훨씬 넘어선다는 칸트의 말을 보다 심각하게 받아들일 수밖에 없는 까닭입니다.

저는 칸트의 이 말을 내세에서의 영원한 행복이라는 덧없는 환상을 붙들고 있는 우리들의 소극적 삶을 일깨워, 보다 적극적인 이성적 삶의 가치를 심각하게 새겨 보라는 의미로 이해합니다.

아울러 도덕법칙을 정언명령으로 받아들이는 것이 지극히 마땅하며 이를 실천하는 삶이 진정한 진리적 삶이라는 것을 강조하는 것으로도 이해합니다.

도덕법칙의 위대함은 흠잡을 데 하나 없는 최고의 진리라는 점입니다.

그리고 그것을 실천함에 있어 어떤 집단 이념의 강요에 의한 것이 아닌 오직 인간의 독립된 자유의지만을 따른다는 점에서 드러나는 것입니다.

도덕법칙은 외부의 강요가 아닌 이성적 자유의지만으로 실천할 수밖에 없는 필연성을 갖는다는 것입니다.

따라서 우리는 도덕법칙을 그 실천의지만으로도 인간의 존엄성을 엿보게 하는 진정 고귀한 정신이라고 말하는 것입니다.

이성을 가진 인간은 자신의 독립적 자유의지만으로도 그 고귀한 인격적 존엄성을 세상에 드러낼 수 있기 때문입니다.

이처럼 자신의 존엄성을 스스로 드러내고 그 인격적 위상을 지켜낼 수 있는 우리는 인간이라는 위대한 종족입니다.

실천이성의 도덕법칙

실천이성의 도덕법칙은 순수이성비판에서 말하는 인간 존재 의미와 그 존엄성에 어울리는 진리적 품격의 삶을 살도록 이끌어주는 근원적 실천요강입니다.

 이제 그 하나하나의 내용과 그것들이 가지는 의미들을 알아보겠습니다.

도덕법칙 제1원칙 : 순수실천이성의 원칙

"너의 의지의 준칙이 항상 동시에 보편적 법칙 수립의 원리로서 타당할 수 있도록 그렇게 행위하라."

인간 개개인이 자연의 최고 목적이자 주체로서 자연세계 안에서 행위하는 어떤 경우에도 예외 없이 따라야 하는 기본적인 명령입니다.

여기서 준칙이란, 사람이 자신의 의지에 따라 행위를 할 때 그 의지를 결정하는 주관적 기준을 말합니다.

개인의 주관적 기준이란 점에서, 보편적이고 객

관적인 법칙과 구분됩니다.

이 준칙이 법칙의 원리로 삼아도 좋을 만큼 선한 합목적성에 맞도록 그렇게 행하라는 것입니다.

이성적 인간은 자연 사물과 인간 모두에 대해 어떤 행위를 하고자 할 때는 자연의 최고 목적인 자신의 존엄한 인격에 맞게 행동해야 한다는 것입니다.

인간의 존엄한 인격에 어울리는 품격으로, 인간이라면 누구나 마땅한 본보기로 삼아도 좋을 만큼 그렇게 행동하라는 것입니다.

이어지는 제2, 제3의 원칙은 제1원칙에서 오직 인간에게만 해당되는 경우를 구분하여 특별히 인간의 존엄성을 해치지 않도록 규정한 것입니다.

도덕법칙 제2원칙 : 인간 존엄성의 원칙

"네가 너의 인격에서나 다른 사람의 인격에서 인간을 항상 동시에 목적으로 대하고 결코 한낱 수단으로 대하지 않도록 그렇게 행위하라."

인간 존엄성의 원칙은 내가 타인에 대하여 어떠한 행위를 하고자 할 때 결코 잊지 않아야 될 마음가짐의 지침입니다.

앞서 자연의 합목적성을 설명하면서 자연 사물의 유기적 관계를 말한 바 있습니다.

자연의 유기적 관계에서는 모든 개체가 서로 수단이자 목적으로서 떼려야 뗄 수 없는 관계를 갖는다고 했습니다.

그 어떤 것도 목적이나 수단의 어느 한 쪽으로만 치우쳐 있지 않다는 것입니다.

그러나 인간 존엄성의 원칙은 이 같은 유기적 관계와는 좀 다른 차원에 놓입니다.

즉 자연의 최고 목적으로서의 존엄한 인간에게만 주어지는 한 차원 높은 관계를 말하고 있는 것입니다.

자연의 최고 목적인 인간만의 세계에서 이성적

인간이 가지고 있는 인격의 존엄성에 대한 이야기입니다.

이성적 인간은 자신들에게 주어진 인격적 존엄성에 대하여는 어떤 경우에도 그 인격을 수단으로 여기지 않고 목적으로만 대하여 그 존엄성이 훼손되지 않도록 하라는 것입니다.

다시 말하면 인간과 인간 사이에도 수단이자 목적인 관계는 항상 성립합니다.

하지만 인간끼리만의 이 같은 관계는 인격이 아닌 인간의 행위에 따라 나타나는 물리적 결과에 대하여만 수단과 목적의 관계가 성립하는 것입니다.

비록 어느 한 쪽이 수단으로 행위를 하는 경우라도 그 사람의 인격에 대하여는 자연의 최고 목적으로서 신체적 학대나 정신적 수치심 등으로 그 존엄성이 상처받는 일이 없도록 하라는 것입니다.

도덕법칙 제3원칙 : 자유공존의 원칙

"너의 의사(意思)의 자유로운 사용이 보편적 법칙에 따라 어느 누구의 자유와도 공존할 수 있도록 그렇게 행위하라."

자유공존의 원칙은 인간 존엄성의 원칙을 좀 더 보완하는 차원으로 이해가 됩니다.

우리의 모든 이성적 행위는 반드시 선한 자유의지에 따라 이루어져야 합니다.

진정한 이성적 인간의 이 같은 자유 행위는 오로지 선한 의지에서만 나온다는 필연성 때문입니다.

따라서 인간의 선한 자유의지가 보장되지 않으면 우리의 인격적 존엄성도 보장받을 수가 없는 것입니다.

이처럼 자유는 선의지를 바탕으로 할 때만 진정한 자유라고 할 수가 있습니다.

인간의 이성적 자유 행위는 어떤 경우에도, 비록 그 결과가 의도했던 것과 다르게 나타난다 해도 그 자유 행위의 가치나 정당성이 훼손되는 것은 아닙니다.

반면에 이성의 선의지를 저버리고 단순한 감정에 따라 제멋대로 하는 행위는 비록 그 결과가 나쁘지 않다 해도 한낱 만용으로 비쳐질 수가 있습니다.

모든 인간은 자신이 뜻하는 바의 정당한 자유 행위를 방해받지 않을 권리를 가지고 있습니다.

선의지를 가진 이성적 인간이라면 자신의 자유 못지않게 어느 누구의 자유도 억압하거나 외면해서는 안 되는 까닭입니다.

사람마다의 자유로운 행위가 선의로 충만한 가

운데 서로서로 어울려 평화롭게 공존하는 세상을 그려본 적이 있으신지요.

도덕법칙의 필연성과 정언명령

앞서 저는 실천이성의 도덕법칙을 우리 인간이 마땅히 받아들이고 반드시 실천해야 하는 정언명령이라 했습니다.

정언명령이란 도덕법칙이 오로지 선의지만을 바탕으로 한다는 점 때문에 절대적으로 받아들여야 하는 의무라는 뜻으로 하는 말입니다.

도덕법칙의 실천 행위는 바로 선의지를 실천하는 것이기 때문에 그 형식이나 결과가 어떻든 상관없이 의무로서 정당성을 갖는다는 것입니다.

실제로 도덕법칙은 오로지 선을 바탕으로 하는 자유의지에 따른 보편타당한 법칙이기 때문입니다.

바꾸어 말하면 도덕법칙은 정언명령이기 때문에 이성을 가진 우리 인간은 아무런 조건 없이 받아들여야 한다는 것입니다.

도덕법칙은 이성을 가진 우리 인간에게만 주어지는 것으로 그 인격의 존엄성에 가장 어울리는 최고의 진리적 행동양식이기 때문입니다.

우리가 도덕법칙을 실천하기를 주저하지 않는다면, 우리 자신의 인격적 존엄성은 물론 자신의 가치와 능력에 대하여 이제껏 경험하지 못했던 보람과 긍지를 한껏 느낄 수 있을 것입니다.

마음 깊은 곳으로부터 다가오는 자신의 존재감에 대한 뿌듯한 보람을 쉬 떨쳐 버릴 수가 없을 것입니다.

그렇게 우리는 언제 어디서나 누구도 부인할 수 없는 최고의 존엄성을 지닌 인격체로서의 위상을 드러내게 될 것입니다.

그럼에도 이제껏 우리 인간은 너무나도 비이성적인, 그리하여 비도덕적인 행위들을 수도 없이 저

질러 왔습니다.

전쟁을 비롯한 인간에 대한 갖가지 살상행위,

이성적 개념 없이 단순한 감정에 따른 인간 서로 간의 경쟁심,

현실 세계에 대한 그릇된 판단으로 빚어진 이념적 갈등이나 적개심,

그리고 무분별한 산업화에 따른 자연환경 파괴 등.

이 같은 비이성적 비도덕적 행위는 아직도 여전히 진행중인 우리의 현실임을 부정할 수가 없습니다.

자연의 합목적성에 정면으로 배치되는 이 같은 행위들은 미숙하고 어리석은 우리의 서툰 삶에서 비롯된, 바로 우리들의 이야기라는 칸트의 지적을 거듭 새겨 보게 합니다.

제가 이 글을 쓸 수밖에 없는 까닭이기도 합니다.

도덕법칙의 실천 여부는 우리 각자의 자유로운 의지에 달려 있습니다.

하지만 안타깝게도 우리의 현실은 나 아닌 남의 일처럼 이를 모른 척 해도 될 만큼 충분히 여유롭지 못하다는 생각을 합니다.

얼마 전 친구로부터 문자 한 줄을 받았습니다.

"우물쭈물하다가 이렇게 될 줄 알았다." 버나드 쇼의 묘비명이랍니다.

버나드 쇼(1856~1950)는 영국의 극작가이자 비평가로 현대문명 사회를 비평 풍자하여 영국 근대주의 창시자라 불린다 합니다.

1925년 노벨문학상을 받았으며, 『범인과 초인』 『시저와 클레오파트라』 등의 저작을 남겼습니다.

저는 기적을 믿지 않는 편입니다. 그런데 요즘 칸트를 읽고 쓰면서 문득 꿈같은 상상을 할 때가 있습니다.

칸트의 도덕법칙이 보다 적극적으로 세상에 알

려지고, 그것을 이해하는 사람이 늘어난다면 정말 기적처럼 문화적 풍조가 생겨날 수도 있지 않을까 하고요.

우리는 하루하루 별 탈 없이 넘어가는 것 자체가 기적이라 할 만큼 아슬아슬 불안을 안고 살아가고 있습니다.

문제는 이 불안한 현실이 그 누구의 탓도 아닌 바로 우리 인간 하나하나의 비이성적 비도덕적 삶의 자세 때문이라는 것입니다.

인간의 비이성적 삶이라는 것이 저 황야를 떠도는 야생의 그것과 다를 바 없는 약육강식의 삶 그 자체여서 그렇습니다.

우리는 그 거친 삶을, 딴 세상의 낙원이나 행운이라는 막연한 운명에 기댄 채 아등바등 버티며 살아가고 있습니다.

놀랍게도 칸트는 우리의 이 같은 나약하고 소극적인 운명론을 결코 용납하지 않습니다.

우리 인간의 극히 소극적인 감성에 따른 낙원이나 행운이라는 기적은, 보다 적극적인 이성의 도덕성에서 찾아야 한다는 것입니다.

인간이 상상하는 낙원이라는 이상향은, 사실 우리의 도덕적 세상에 대한 다른 이름일 뿐이라는 것입니다.

왜냐하면 낙원이라는 이상향은 인간이 상상할 수 있는 최고의 세상일 터입니다.

그런데 인간의 상상력으로는 도덕적 세상을 넘어서는 더 나은 세상을 찾을 수가 없기 때문입니다.

그렇다면 선택은 오직 우리들의 마음먹기에 달렸다 하겠습니다.

불안한 삶 가운데서도 진리를 찾아 진정 기적 같은 삶을 살 것인지, 아니면 세상의 유행이나 좇으며 우물쭈물하다가 묘비명 하나 남기고 말 것인지는 오로지 나의 의지에 달렸다는 것입니다.

실천이성의 도덕법칙에는 행여라도 우물쭈물 머

뭇거릴 구실이나 변명이랍시고 뒤늦게 들이댈 어떤 명분도 찾을 수가 없습니다.

오로지 자신의 의지와 결단력으로 당장 실천하는 그것만이 참된 진리에 이르는 단 하나의 길이자 방법이라는 것입니다.

도덕법칙을 정언명령이라 부르는 진정한 까닭입니다.

여기서 저는 우리가 자칫 자만심에 빠지는 어리석음도 경계해야겠다는 한 마디를 덧붙이고자 합니다.

우리는 태어나서 죽을 때까지 사는 일을 삶이라

말합니다.

삶이란 말을 다른 말로 풀어보면 생각하고 행동하는 일을 매일매일 이어가는 과정이라 할 수 있습니다.

먼저 생각하고 다음은 그 생각에 따라 행동하는 것이지요.

그런데 문제는 그 생각의 질입니다.

생각에 개념이 있느냐 없느냐, 달리 말하면 생각이 이성적인가 그렇지 않은가입니다.

생각의 질에 따라 행동이나 그 결과도 달라지기

때문에 그렇습니다.

이성적이지 않은 생각은 단순히 감정에 따라 즉흥적으로 이루어지기 때문에 그에 따른 행동의 결과를 예측하기가 어렵습니다.

반드시 선한 바람직한 결과로 나타날 것을 기대할 수가 없다는 것입니다.

칸트는 이 같은 비이성적 개념 없는 행동의 무모함을 경계하는 너무나 유명한 말을 남겼습니다.

"내용(대상) 없는 생각은 공허하고, 개념 없는 직관은 맹목적이다."

개념 없이 단순한 감정에 따른 비이성적 행동의 무의미함을 잘 말해 주고 있다는 생각입니다.

겉으로는 도덕적인 척 이성적인 척 하면서 마음으로는 이해타산의 속내를 감춘 채 거짓 행동을 한다면, 그 결과가 비록 근사해 보일지라도 결코 선한 이성적 행동이라 하기가 어렵습니다.

이처럼 밖으로는 도덕군자인 척 하면서 마음속으로는 재물이나 명성에 취해 으스대는 사람을 쉽게 볼 수 있습니다.

우리의 자만심을 부추기는 이 명성이라는 것이 사실은 황금을 덧씌운 과녁일 뿐이라는 말이 있습니다.

1798년 종두법을 완성하여 인류에게 건강하고 행복한 삶을 살도록 기여한 영국의 과학자 에드워드 제너의 말입니다.

허세뿐인 명성의 부질없음을 이보다 더 잘 나타낸 말이 있을까 싶습니다.

4장

아름다움과 문화세상

용어풀이

용어에 대한 의미를 먼저 알아보겠습니다.

'정조(情操)'와 '아름다움'입니다.

정조(情操)

한순간의 감각이나 감정에 따라 일어나는 단순하고 주관적인 감성과는 다르게, 인간의 이성적 행위에 따라 나타나는 정신적 차원의 복합적 정서를 정조라 합니다.

정감이 풍부하고 세련되어 한층 안정된 분위기인 것이 특징이며 주로 지적, 도덕적, 미적 상황에서 좋고 아름답다는 객관적 정서로 드러납니다.

판단력 비판에서는 도덕법칙의 실천으로 나타나는 정서나 분위기를 말하며 아름다움의 본질적 요소로 이해합니다.

아름다움

자연 사물의 모양이나 색깔 소리 등 인간의 감성에 의해 경험된 대상이 일체의 이해관계 없이 그냥 마음에 흡족하고 좋은 느낌을 주는 주관적 정서를 말합니다.

인간이 창작한 예술의 아름다움도 자연의 아름다움과 같은 의미로 이해되며 두 가지 다 주관적 선한 정서라는 공통점을 갖습니다.

그리고 인간의 고상한 행위나 마음씨 등 이성적인 정서가 일체의 이해관계 없이 좋은 느낌을 줄 때 우리는 아름답다고 말합니다.

이때의 아름다움은 정신적이고 객관적인 정서입니다. 앞에서 말한 정조가 이 경우입니다.

판단력 비판에서는 자연과 예술의 아름다움 그리고 지금 말한 이성적 정서인 정조(情操)의 아름다움을 함께 아울러 보편적인 아름다움으로 이해합니다.

이 세 가지의 아름다움은 선한 바탕에 일체의 이해관계가 없다는 공통점 때문에 하나의 보편적인 아름다움으로 판단하는 것입니다.

칸트는 이같이 순수하고 선한 바탕의 아름다움을, 우리가 진리적 이상향으로 여기는 문화세상의 본질로 이해하고 있습니다.

저는 여기에서 문화세상을 이루는 본질적 요소로서의 아름다움이 갖는 의미를 다시 한번 새겨 볼 필요를 느낍니다.

아름다움이 문화세상의 본질적 요소라면, 아름다움은 그 자체로 인간에게는 생명력을 북돋우는 삶의 동기이자 목적이 될 것이기 때문입니다.

이른바 자연이 인간에게 베푼 최고의 가치가 아름다움이라는 것을 미루어 짐작할 수 있다는 것입니다.

문화세상과 아름다움의 관계

앞서도 알아보았듯이 판단력 비판에서는 자연, 예술의 아름다움과 이성적 정서의 아름다움을 하나로 아울러 문화세상의 바탕을 이루는 요소로 명쾌하게 자리매김합니다.

어떤 책에서 칸트의 판단력 비판을 '탁월한 미학'이라고 하는 걸 읽은 기억이 납니다.

그러나 저는 보다 적극적으로 판단력 비판을 정교하고 뛰어난 문화론이라고 말하고 싶습니다.

자연과 예술의 아름다움 그리고 도덕법칙의 실천에 따른 이성적 정서인 아름다움이 하나로 어우러져 문화세상의 표상으로 나타난다는 아름다움에 대한 적극적 판단 때문입니다.

아름다움은 그렇게 우리가 바라는 한층 높은 차원의 문화적 정서로 자리매김 되는 보편성을 갖는 것입니다.

이로써 우리는 삶에서 문화가 의미하는 바를 명확히 하고 문화적 관심만이 진리에 이르는 길임을 밝히는 칸트의 마음을 이해할 수가 있습니다.

인간이 찾는 최선의 이상향은 결국 도덕법칙의 선한 정서가 빚어내는 아름다움 가운데서 찾을 수 있다는 것을 말합니다.

그렇게 아름다움으로 드러나는 문화세상은 인간이 바라고, 인간만이 능히 실현할 수 있는 최고의 진리적 현장인 것입니다.

자연의 아름다움

저는 팔십이 다 될 때까지 나라 밖 여행을 해본 적이 없습니다. 우리나라의 알려진 명산들을 다녀본 것이 전부입니다.

어릴 적 소를 몰고 산을 오르내리며 고향의 산과 바다를 바라보던 풍경이 제일 잊혀지지 않은 추억으로 남아 있습니다.

한여름 방죽기미 바다 밑의 상아빛 모래밭에 펼쳐진 잔물결 무늬의 놀랍던 아름다움을 잊지 못합니다.

산비탈 자락에 맞닿은 물 밑에서 미역, 다시마, 파래 등이 각각의 색깔을 뽐내며 춤을 추듯 너울거리던 아름다운 모습을 기억합니다.

붉게 타는 저녁노을 밑으로 꿈꾸듯 검게 누운 크고 작은 섬들의 침묵, 그 위로 마구 쏟아지던 붉은 빛깔의 황홀경을 결코 잊을 수가 없습니다.

그 붉고도 밝게 빛나던 노을빛을 세상에서 볼 수 있는 가장 아름다운 빛깔일 거라고 생각했습니다.

노을빛처럼 아름다움은 그렇게 빛나며 흐르는 것이었습니다.

저는 제가 충분히 낡고 늙었다고 생각합니다. 그래서 산골에 묻혀 어리석었던 젊은 날의 부끄럼 따위나 반성하며 남은 시간 조용히 살아보겠다 다짐하고 있었습니다.

그런데 적막강산 이 산골에 뜻밖의 기적 같은 세상이 다가왔습니다. 다름 아닌 TV 속의 세상입니다.

세상이 변해도 너무 변한다는 볼멘소리도 있지만, 이야말로 인간 지성이 이루어 낸 위대한 업적이란 생각이 듭니다.

TV 하나로 제가 가보지도 못하고 상상도 못 했던 자연의 모든 현장을 실제인 듯 즐기며 끊임없이 감동에 빠지고 있습니다.

지구촌 구석구석 사람 사는 이야기며 산과 바다, 대평원의 숲과 강물 등 수없이 다양한 자연의 아름다움을 현장인 듯 보고 듣고 느낍니다.

특히 하늘 높은 곳에서 바라보는 대자연의 장관이며 인간의 접근이 허용되지 않는 높고 험준한 산, 깊고 가파른 골짜기의 태고적 숨은 비경들은 상상을 넘어서는 위대한 아름다움의 발견일 수밖에 없습니다.

현지 여행을 직접 한다 해도 만나보기가 쉽지 않

을 놀라운 아름다움의 현장은 인간의 위대한 지성이 이룩한 기적의 선물이라는 생각에 뿌듯한 자부심마저 느낍니다.

이처럼 대자연의 아름다움을 누구나 경험할 수 있다는 것은 우리의 삶에도 크나큰 변화를 가져올 수 있다는 생각을 합니다.

자연의 현장 그리고 그 다양한 아름다움은 어느 특정인만의 전유물이 아닌 모든 인간의 공통의 관심사가 되어 인간의 존엄성을 일깨우는 계기가 될 수 있기 때문입니다.

그렇게 아름다움은 인간의 삶에 있어 결코 외면할 수 없는 기본적이고 필연적인 것,

칸트가 말한 바 자연이 인간에게 베풀었다고 하는 아름다움의 의미를 새삼 일깨우는 것,

그리고 자연을 살아가는 우리가 아름다움을 어떻게 받아들여야 할지, 문화에 대한 새로운 눈을 열어주는 기적 같은 일이라 생각합니다.

우리 인간은 시간과 공간이라는 테두리 안에서 극히 제한적으로 아슬아슬하게 살아가고 있습니다.

우리 삶의 현장인 자연에 대하여도 낱낱이 헤아리기에는 주어진 여건이 턱없이 제한적일 수밖에 없는 까닭입니다.

TV 같은 문명의 놀라운 성과도 결국은 이 같은

한계를 넘어서려는 인간의 문화적 욕구가 만들어 낸 필연적 결과물이라는 생각을 합니다.

하지만 저는 문명의 발전이 가져온 결과가 마냥 좋다고만 생각하지 않습니다.

그러나 자연을 더 이해하고 그 자연을 이성적으로 바라보는 기회를 만들어 낼 수 있다면, 그것만으로도 문명의 발전에 따른 보람이 결코 적다고 말할 수 없을 것입니다.

자연의 아름다움에 대한 바른 이해와 함께 자연의 합목적성을 이해하는 데도 크게 도움을 줄 것이기 때문입니다.

자연이 아무리 아름답다고 해도 인간이 직접 보고 듣고 감동하지 못한다면 그 아름다움은 아무런 의미를 가질 수 없을 것입니다.

아마도 인간은 문명의 혜택에 기대지 않고서는 자연의 그 다양한 아름다움을 이해하는 것도 극히 제한적일 수밖에 없습니다.

조금만 돌이켜보면 인식과 실제의 합치가 진리라고 하는 칸트의 진리 개념도 한낱 자기 주장에 그칠 수도 있었겠다는 생각을 하게 됩니다.

칸트가 자연의 아름다움을 그토록 깊게 이해하고 있었다는 것을 생각하면, 뜻밖에도 그는 거의 여행을 하지 않았다고 합니다.

자연의 아름다움의 특징은 헤아릴 수 없는 다양함 속에서 어느 누구도 비교평가할 수 없는 각각의 독자성 그 자체로 자연의 합목적성에 알맞게 있다는 점입니다.

흔히 하는 말로 가장 자연스러운 것이 가장 아름답다고 말하는 까닭이 아닌가 싶습니다.

자연스럽다는 말 자체가 곧 다양성의 아름다움을 말하는 것이어서 그렇습니다.

그 같은 다양성에도 불구하고 자연의 아름다움은 인간의 감성에 의해 인식되고 이성에 의해 의미 지어진다는 놀라운 해석은 실로 범인의 상상력을 넘어서는 천재다움을 엿보게 합니다.

이는 어쩌면 이성적 인간의 자연에 대한 책무가 어떤 것인지를 거듭 새겨보게 하는 말일지도 모른다는 생각이 듭니다.

이로써 자연의 아름다움은 오로지 인간을 위해 베풀어 준 자연의 배려라는 말의 깊이를 알 수 있습니다.

앞서 저는 자연의 다양성은 어느 것 하나도 비교적으로 평가할 수 없는 각기 자신만의 독특한 아름다움을 가진다고 했습니다.

그러면서도 서로서로 유기적 관계로 통일을 이루며 합목적적 조화로운 아름다움을 보여 주고 있다고도 했습니다.

우리 인간의 삶도 본질적으로는 이 같은 다양한 아름다움의 관계 속에 어우러진 하나의 경우라는 생각을 합니다.

그럴 때 우리는 아름다움은 그 자체로 우리의 생명력을 북돋우는, 인간이 살아가는 동기이자 목적이라고 말하는 의미를 다시 한번 곱씹어 볼 필요를 느낍니다.

자연의 이 같은 아름다움이 최종적으로 누구를 위함인가라고 물었을 때 그것은 인간이라고 말할 수 있는 까닭입니다.

자연은 오로지 인간을 최고 목적으로 삼기 때문에 그 인간을 위하여 그토록 아름다운 것입니다.

그것은 인간만이 자연의 아름다움을 이해하고 좋아하며, 인간만이 그 아름다움을 지켜낼 수 있는 지적 이성적 능력을 가지며,

그리하여 인간만이 자연의 최고 목적인 존엄한 인격체로서 그 위상에 어울리는 아름다운 문화세상을 실현할 유일한 존재자이기 때문입니다.

예술의 아름다움과 선의지

자연스러운 것이 가장 아름답습니다.

 그러나 자연스럽다는 말의 부드럽게 다가오는 느낌과는 다르게 자연의 사물 하나하나는 모양이나 빛깔 그리고 존재방식 등 너무나도 복잡다단하게 어우러져 있습니다.

이 같은 복잡한 자연스러움이 곧 아름다움의 다양성을 이루는 것이지요.

자연의 아름다움은 거대하고 거칠어서 두려움을 주기도 하고 때로는 곱고 품위가 있어 놀라운 존경심을 갖게도 합니다.

말로 다할 수 없고 글로 다 쓸 수도 없는 자연의 그 다양한 아름다움에 마음을 빼앗긴 사람들이 예술가라는 천재들이 아닌가 생각합니다.

예술가란 이 같은 자연의 아름다움을 인간의 이성적 정서 안에 창의적으로 재현하고자 노력하는 사람이 아닐까 하는 것입니다.

예술은 자연의 창의적 모방에 다름 아니라는 말도 있습니다.

때문에 저는 예술이란 인간의 이성적 정서 안에서 아름답다고 불리어질 때 붙여지는 이름이라 생각합니다.

예술의 의미가 이러할진대 예술작품의 창작의도나 그 아름다움의 드러남도 마땅히 선의지를 바탕으로 하여 이루어질 것입니다.

아름다움은 무엇보다도 먼저 선한 정서를 바탕으로 하는 것이어서 그렇습니다.

이 같은 의미를 갖는 것이 예술이라면, 예술이 문

화적 세상을 위한 중요한 한 축을 담당해야 하는 것은 당연한 일일 것입니다.

예술이 문화세상을 위해 기여하는 바는 대단히 중요하고도 마땅한 까닭입니다.

이성적 정서 그 좋은 것의 아름다움

앞서 저는 자연의 아름다움이나 예술의 아름다움은 기본적으로 인간의 감성을 통해 얻어지는 주관적 정서라 말해 왔습니다.

그와는 달리 이성의 선의지에 바탕하는 좋은 것의 아름다움은 이성적 인간이라면 누구나 공감할 수 있는 객관적인 정서입니다.

객관적으로 선하고 좋은 것에서 느끼는 아름다움은 그것을 바라보는 사람의 자부심을 끌어올려 높은 차원의 정감을 일으키는 특성을 갖습니다.

사람과 사람 사이의 관계가 선한 도덕적 정서로 나타날 때 느껴지는 아름다움의 특성입니다.

이처럼 인간의 개별적 감성에 의한 아름다움의 주관적 정서나 이성의 객관적 정서로 나타나는 좋은 것의 아름다움은, 그 나타남이 하나는 자연으로부터 또 하나는 이성적인 인간으로부터라는 다른 차원을 갖습니다.

그럼에도 모두가 선한 정서를 바탕으로 한다는 공통점 때문에 아름다움이라는 하나의 위대한 가치로 자리매김 됩니다.

 아름다움이 인간의 감성과 이성을 아우르며 위대한 가치로 자리매김 되는 것은, 오로지 선한 바탕에 일체의 이해관심을 벗어나 우리의 마음에 흡족함을 주는 순수성 때문입니다.

 그렇게 아름다움의 선한 본질은 칸트의 도덕법칙이 지향하는 문화세상의 본질에 부합할 수밖에 없습니다.

 선하다는 것은 무엇보다 도덕적이란 뜻이고 문화적이며 진리적이라는 인간의 이상에 하나로 겹치는 최고의 가치이기 때문입니다.

문화세상은 도덕법칙이 지향하는 진리의 현장으로서 그 정서가 아름다움으로 드러날 수밖에 없다는 것을 말합니다.

따라서 인간의 지성에 의한 온갖 물리적 발전의 영광도 이성에 의한 도덕성이 뒷받침될 때 그리하여 아름다운 문화세상을 지향할 때 비로소 진정한 의미를 갖게 될 것입니다.

저는 말할 수 있습니다.
우리가 지향하는 진리에 대한 온갖 노력도 결국은 우리 각자의 삶을 또 모두가 함께하는 삶을 아름다움으로 채워가려는 의지에 다름 아니라고.

그것만이 자연의 합목적성이 지향하는 인간의

존엄성을 지키는 길이라고.

 그렇게 아름다움은 우리의 삶이 되고, 삶의 의미가 되는 것이라고.

5장 마무리 말

칸트는 인간이 이성을 자각한 이래로 끊임없이 추구해 왔던 최고선의 이상향에 대한 간절한 염원을 그의 순수이성비판의 마무리 말로 적고 있습니다.

"만약 이 책의 독자가 이 비판의 길을 나와 함께 나아가고자 하는 긍정적 의지와 인내를 가졌다면, 그리고 만약 그가 이 좁은 길을 보다 많은 사람이 함께 할 수 있는 넓은 길로 만드는 데 있어 각자의 위치에서 기꺼이 기여하고자 한다면, 그는 지금 지나간 수세기 동안 이루지 못했던 우리의 꿈이 이번 세기가 지나가기 전에 이루어질 수 있지 않을까 판단할 수도 있을 것이다.

곧 인간 이성이, 그 선의지가 쉼 없이 노력하였으나 지금까지는 헛수고였던 것을 이제는 충분히 만족을 얻을 수도 있으리라는 것을 판단할 수 있을 것이다."

실로 간절함이 사무치는 칸트의 마음을 엿보게 합니다.

이제 저도 마음속의 감회 한 자락을 말하겠습니다.

이 책 『하룻밤에 읽는 칸트』를 여기까지 읽은 독자라면, 저의 서툰 글솜씨에도 불구하고 글 너머에 펼쳐지는,

인간의 존엄성이 살아 숨 쉬는 진리적 세상 그 아름다운 문화세상에 대해 놀라움을 감추지 못할 것입니다.

그리하여 스스로의 자유로운 판단에 따라 기꺼이 실천이성의 도덕적 삶에 함께 하고자 뜻을 굳힌다면, 그 아름다움에 젖고자 한다면,

마음속 깊은 어둠으로부터 문득 밝게 빛나며 드러나는 삶의 의미를 새삼 깨닫게 될 것입니다.

인간 존엄성이 빛나는 진리의 현장에 한 발짝 다가서 있는 자신을 보게 될 것입니다.